www.ingramcontent.com/pod-product-compliance
Lightning Source LLC
LaVergne TN
LVHW011709230826
846092LV00010BA/1225

IX 9Marks

سلسلة أسئلة كنسيَّة

كيف يمكنني أن أدعم خدمات الإرساليات؟

مارك كولينز

9Marks ISBN: 979-8-89218-036-8

اسم الكتاب: كيف يمكنني أن أدعم خدمات الإرساليات؟

المؤلف: مارك كولينز

ترجمة: أمير سامي

الناشر: خدمة ذهن جديد

www.zehngadid.org

مسؤول الخدمة والمشرف على الترجمة: الدكتور/ ياسر فرح

اقتباسات النصوص الكتابيَّة مأخوذة من ترجمة البستاني - ڤاندايك، إلا إذا أُشير إلى غير ذلك.

بعض الشهادات عن سلسة أسئلة كنسيَّة

«يواجه المسيحيُّون كل يوم أسئلة واقعية جدًا، مثل: كيف يؤسس الكتاب المُقدَّس الكنيسة؟ وكيف ينظم طريقة العبادة؟ أو يرتب أمور الخدمة؟ وكيف يحدد القيادة الكتابيَّة؟

وهذه مُجرد أمثلة لتلك الأسئلة التي تم الرد عليها بوضوح وحرص وحكمة، في كتيبات هذه السلسلة الجديدة التي تقدمها خدمة «العلامات التسع». أنا حقًا ممتن بشدة لهذه الخدمة ولتأثيرها السليم المبني على الرجاء، في العديد من الكنائس الأمينة، وأُثني على هذه السلسلة بشدة».

(القس: أر. ألبرت مولر، رئيس كلية اللاَّهوت المعمدانية الجنوبية).

«الأسئلة الجادة تستحق أجوبة مدروسة. إن لم تكن تدري من أين تبدأ بالإجابة على تلك الأسئلة، دع هذه السلسلة تقودك نحو الطريق الصحيح. فتلك الكتيّبات الصغيرة تدخل

فـي صميـم الموضـوع ببراعـة، وممتـازة جـدًا لمشـاركتها مع صديق أو حتى المئات من الأصدقاء».

(الكاتبـة: جلوريـا فيرمـان، مؤلفـة كتابـيِّ «الأمومـة بحسـب قلـب الله» و«زوجـة الراعـي»).

«كقِس، يأتنـي العديـد مـن الأسـئلة مـن غيـر المؤمنيـن المهتميـن بمعرفـة الإيمـان المسـيحي، ومـن المؤمنيـن الجُـدد المرتبكيـن ويتسـاءلون: ومـاذا بعـد الإيمـان؟ ومـن المؤمنيـن القُدامـى الذيـن يبحثـون عـن أجوبـة علـى تسـاؤلاتهم، سـواء مـن أفـراد عائلاتهـم المؤمنيـن أو جيرانهـم أو زملائهـم بالعمـل. وكـم أود فـي تلـك اللحظـة لـو يكـون بيـدي كتابًـا موجـزًا أستطيع أن امنحهم إيـاه، ليُجيب تسـاؤلاتهم ويضعهم علـى الطريـق الصحيـح، لكـي ينطلقـوا فـي الدراسـة بعمـقٍ أكثـر! هـذا مـا توفـره سلسـلة «أسـئلة كنسـيَّة»، فـكل كتـاب يتنـاول سـؤالًا واحـدًا بطريقـة سلِسـة وروحيَّـة وعمليَّـة.

إن تلـك السلسـلة التـي تُدعـى «أسـئلة كنسيَّة» يمكـن تسـميتها بحـق «أجوبـة كنسـيَّة»! أنـا أنـوي الحصـول علـى العشـرات مـن تلـك الكتيّبـات وتوزيعهـا بشـكل منتظـم، وهـذا مـا يجـب أن تفعلهُ أنت أيضًا».

(القـس/ خـوان .أر .سانشـيز، راعـي كنيسـة هـاي بوينـت المعمدانيـة بأوسـتن تكسـاس).

«أيـن يمكننـا نحـن المؤمنـون أن نجـد أجوبـة موثوقـة وواقعيَّـة، للأسئلة الشـائعة عـن حيـاة المؤمنيـن فـي الكنيسـة – دون الاضطـرار لشـراء كتـب ضخمـة وغاليـة الثمـن؟ سلسـلة «أسـئلة كنسـيَّة» تُلبـي هـذا الاحتيـاج عـن طريـق أجوبـة كتابيَّـة مدروسـة وعمليـة. وتوفـر هـذه السلسـلة للرعـاة مصـدرًا موثوقًـا ليسـتخدموه فـي قيـادة أعضـاء الكنيسـة نحـو حكمـة أعمـق ووحـدة أكبـر بيـن جماعـة المؤمنيـن».

(راي أورتلاند، رئيس خدمات التجديد).

عناوين سلسلة أسئلة كنسيَّة

هل أنا مدعُو للخدمة؟ براد ويلير

هل يمكن للمرأة أن تكون راعيًا لكنيسة؟ جريج جيلبرت

هل يُحب الله الجميع؟ مات مِكولا

هل يَعِد الكتاب المُقدَّس بالصحة والرخاء؟ شون ديمارس

كيف أجد الشخص المناسب لتلمذتي؟ جاريت كيل

كيف يمكنني الاستفادة أكثر من قراءة الكتاب المُقدَّس؟
جيريمي كيمبل

كيف يمكنني أن أُحب أعضاء الكنيسة ذوي التوجهات المختلفة؟
جوناثان ليمان، وأندي نِسالي

كيف يمكنني أن أخدم كنيستي؟ ماثيو إيمادي

كيف أتأكد من خلاصي؟ جيريمي ببير

كيف يمكنني أن أدعم خدمات الإرساليات؟ مارك كولينز

كيف يُمكن لكنيستنا أن تجد راعيًا أمينًا؟ مارك ديڤر

كيف يُمكن أن تزدهر خدمة المرأة في الكنيسة المحليَّة؟
كيري فولمار

هل الجحيم حقيقة؟ دان أورتلاند

هل ممارسة التأديب الكنسي تعبر عن المحبة؟ جوناثان ليمان
ماذا أفعل عندما أشعر بعدم الرغبة في الصلاة؟ جون أونوتشيكوا
ماذا أفعل عندما أشعر بعدم الرغبة في الذهاب إلى الكنيسة؟ جانر جندرسن
ماذا أفعل عندما أشعر بالإحباط من كرازتي؟ إسحاق آدامز
ماذا أفعل بعد أن صرت مؤمنًا بالمسيح؟ سام إيمادي
ما الذي يجب أن نفعله مع الأعضاء الذين لا يذهبون لحضور الكنيسة؟ أليكس دوك
ما الذي ينبغي أن أبحث عنه في الكنيسة؟ أليكس دوك
ما هي إرسالية الكنيسة؟ جوناثان ليمان
ما هو دور الشمامسة في الكنيسة؟ خوان سانشيز
من هو المسؤول عن الكنيسة؟ سام إمادي
لماذا يُعدّ العشاء الرباني بهذه الأهمية الكبيرة؟ أوبري ساكيرا
لماذا يجب عليَّ أن أعتمِد؟ بوبي جميسون
لماذا يجب عليَّ تقديم العشور للكنيسة؟ چيمي دونلوب
لماذا يجب عليَّ الانضمام للكنيسة؟ مارك ديفر

"لِيَتَحَنَّنِ ٱللّٰهُ عَلَيْنَا وَلْيُبَارِكْنَا.
لِيُنِرْ بِوَجْهِهِ عَلَيْنَا. سِلَاهْ.
لِكَيْ يُعْرَفَ فِي ٱلْأَرْضِ طَرِيقُكَ،
وَفِي كُلِّ ٱلْأُمَمِ خَلَاصُكَ."

(مزمور ٦٧: ١-٢)

أنضم بوب وماكسين إلى كنيستهما في خمسينات القرن العشرين كمسيحيين شابين. وجعلا من الكنيسة حياتهما. كانا يحضران بانتظام خدمات الأحد صباحًا وكذلك اجتماعات الصلاة، وانخرطا بثبات في مجتمع الكنيسة طول الأسبوع. وعند نقطة ما في الطريق، أخذا على عاتقيهما أن يعرفا المرسلين الذين يدعمهم كنيستهما. بعدها بسنوات، عندما بدأنا أنا وزوجتي في تلقي الدعم من كنيستهما، حرصا على الحصول على رسائلنا التي نطلب فيها صلاة الكنيسة من أجل أمور معينة. في كل إجازة لنا في الوطن، كانا يدعواننا على العشاء. وعندما نتكلم، كانا يطرحان علينا أسئلة من النوعية التي تشير إلى أنهما قرآ رسائلنا وكانا

يصلّيان من أجلنا. عندما كانت هناك احتياجات مالية، سخَّرا مجموعتهما الصغيرة للقيام بعملية جمع لأجلنا. بكل طريقة ممكنة، أظهر بوب وماكسين لنا أنهما كانا خلف عملنا وكانا معنا. ذهب بوب إلى بيته السماوي ليكون مع الرب منذ سنوات قليلة، ولكن ماكسين مازالت موجودة، ومازالت تصلّي من أجلنا – ونحن متأكدون من هذا.[١] هدفي في هذا الكتيّب هو أن أقنعك بأن كل مسيحي ينبغي أن يدعم الإرساليات الدولية وأن يبين لك كيف تفعل هذا من حيث وضعك الله. أريد أن تتكون لديك عادة دعم الإرساليات لباقي حياتك. لا يحتاج كل مسيحي أن «يذهب» ليكون أمينًا، ولكننا كلنا مدعوين للاشتراك في إرسالية الكنيسة من أجل الوصول إلى الأمم معًا. هناك دور ليقوم به كل واحد. لم أدرك هذا دائمًا.

[١] القصص الشخصية التي تتضمن أشخاصًا آخرين والتي شاركت بها في هذا الكتيب مأخوذة بإذن من هؤلاء الأشخاص وغالبًا ما استُخدمت فيها أسماء غير حقيقية للمحافظة على الخصوصية.

كمسيحي شاب، قرأت سير حياة مرسلين مثل ظل القدير، *Shadow of the Almighty*. فقد جيم إليوت وأربعة مرسلين آخرين حياتهم في ٨ يناير ١٩٥٦، على يد رجال من قبيلة نائية لم يسبق الوصول إليها في الإكوادور. كان لكلمات جيم إليوت التي قال فيها، «ليس أحمقًا من يقدم ما لا يستطيع أن يحتفظ به ليربح ما لا يمكنه أن يخسره،» تأثير قوي جدًا على عقلي بسبب الطريقة التي عاش بها ومات في سن الثامنة والعشرين.[٢] يعد إرث مرسلين وشهداء مثل جيم إليوت بركة كبيرة لكل المسيحيين. ولكنني أتساءل أحيانًا إذا استنتج المسيحيون خطأ من هذه القصص أن الإنجيل ينتشر فقط في العالم بهذه الطرق الدرامية. ربما فكرت في نفسك،

«ليس في حياتي شيء درامي. أنا شبه «عالق» في نفس المكان، في نفس الكنيسة، أفعل الكثير

[2] Elisabeth Elliot, *Shadow of the Almighty: The Life and Testament of Jim Elliot* (New York: Harper & Brothers, 1958), 108.

من الأشياء التي اعتدت على فعلها منذ سنوات. في الواقع، أنا أفعل نفس الأشياء طوال السنوات العشر الأخيرة! لابد وإنني أقع ضمن صنف آخر من المسيحيين يختلف عمن لهم تأثير كبير بالنسبة للملكوت.»

هل سبق وفكرت أفكارًا تشبه هذه؟ حسنًا، إليك الخبر السار: لا تفعل. ينبغي ألا نقارن حياتنا أبدًا مع الآخرين. لقد أعطى الله لكل واحد منا دوره ومسئوليته الخاصة في الكنيسة. ينبغي ألا نقيس أمانتنا للمسيح بمقدار دارمية حياتنا وخدمتنا.

لا أعرف ما يختزنه الرب لحياتك. قد يحرك الله بعض من يقرؤون هذا الكتيّب ليتركوا راحة البيت ويقضوا حياتهم يتعبون في مكان بعيد من أجل الإنجيل. ولكن يخبرني حدسي بأن الله يدعو معظم من يقرؤون هذا الكتيّب إلى شيء آخر – شيء هام وجدير بوقتك على نحو مماثل. ربما، مثل بوب وماكسين، يدعوك

الله إلى إدراك المسئولية الواقعة على عاتق كل مسيحي وهي دعم الإرساليات. إنني أكتب هذا الكتيّب بشكل رئيسي لأجل هؤلاء الناس. لازال لدى المسيحيون الذين لن يمتهنوا العمل في الحقل المرسلي دور ليقوموا به في نشر الخبر السار الخاص بيسوع المسيح.

قبل أن نتحدث عن الطريقة التي يمكن لكل مسيحي أن يدعم بها عمل الإرساليات الدولية، سأقضي الصفحات القليلة التالية في التأكد من فهمنا للمنظور الكتابي عن الإرساليات وبالتحديد ما يريد الرب من شعبه أن يفعله.

مُكلّفين من المسيح بالذهاب إلى العالم

تتكلم فقرات كثيرة في الكتاب المُقدّس عن مهمة المرسل، ولكننا نحتاج في الأساس أن نتذكر أننا نقوم بالعمل المرسلي لأن يسوع كلف شعبه بحمل الإنجيل إلى أقصى الأرض. فقرتان من الكتاب المُقدّس تجعلان هذه النقطة واضحة بشكل لا تخطئه عين: يوحنا ٢٠: ٢١ ومتى ٢٨: ١٨-٢٠.

«كَمَا أَرْسَلَنِي ٱلْآبُ أُرْسِلُكُمْ أَنَا» (يوحنا ٢٠:٢١)

لا شك أن التلاميذ شعروا بالصدمة – فالرجل الذي رأوه مصلوبًا كان يقف حيًا أمام أعينهم. يخبرنا يوحنا ٢٠ أنه بينما كانوا متحصنين في حجرة خفية، يتساءلون إذا ما طرق الباب وأدى هذا إلى القبض عليهم وإعدامهم، ظهر يسوع للتلاميذ وأراهم جراح يديه وجنبه (يوحنا ٢٠: ١٩-٢٩).

هل يمكنك تخيل كيف تسارعت أفكارهم؟ ماذا يعني كل هذا؟ قطعًا لن يعود الحال على ما كان عليه.

فكر فيما كان يمكن أن يقوله يسوع لهم في هذه اللحظة. كان بإمكانه أن يعلن قدرته السيادية على السماء والأرض. كان بإمكانه شرح كيف تحقق فيه العهد القديم. كان بإمكانه المزيد من التعليم عن ملكوت الله. ولكن بدلًا من هذا، اختار أن يقول لهم شيئين: (١) «**سَلَامٌ لَكُمْ!**» و (٢) «**كَمَا أَرْسَلَنِي ٱلْآبُ أُرْسِلُكُمْ أَنَا**» (يوحنا ٢٠: ٢١).

أعلن يسوع السلام على الرسل لأنه بموته وقيامته، لنا سلام مع الله. من يصدقون الإنجيل يعرفون سلامًا يفوق كل فهم – سلام علاقة الصلح مع الله (فيلبّي ٤: ٧). ما من أخبار أفضل من هذه يمكن أن توجد بالنسبة للرسل أو لنا.

ولكن لاحظ، لا يتوقف يسوع عند كلمة السلام تلك. إذ أن إنجيل السلام له مضامين مباشرة بالنسبة للرسل: «**كَمَا أَرْسَلَنِي ٱلْآبُ أُرْسِلُكُمْ أَنَا**» (يوحنا ٢٠: ٢١). يأتي ما تفعله ممن تكون. يضرب يسوع على كل من الهوية والإرسالية في عبارة واحدة. هذان الأمران هما شيء واحد بالنسبة لتلميذ الرب يسوع. كما أرسل الآب يسوع في خدمة رحمة للعالم، هكذا يرسل يسوع تلاميذه كخدام للرحمة.

إن كنت تسمي نفسك مسيحيًا مؤمنًا، إذن فهذا جزء من هويتك أيضًا. فالتلاميذ يشبهون معلميهم. عندما نقول أننا تلاميذ يسوع، فنحن نعني أننا نتبعه – أي نعترف به

بصفته معلمنا، نموذجنا الذي نحتذي به، وسيدنا وربنا. عندما يرسلنا في إرسالية معينة كان هو النموذج الأساسي لنا فيها، فعلينا أن نقبل هذه الإرسالية بصفتها إرساليتنا نحن. نحتاج أن نجعل هدفنا أن نعرف ونتابع الإرسالية التي يرسلنا فيها. إنه هدف جدير بالاهتمام!

«تَلْمِذُوا جَمِيعَ ٱلْأُمَمِ» (متى ٢٨: ١٨-٢٠)

طوال الأناجيل، يبدو أن يسوع يعطي تلاميذه دائما أكثر مما توقعوه.

في متى ٢٨، يسجل متى أن المجموعة كانت تشعر بخليط غير مستقر من المشاعر بينما تترنح من الصدمة والرهبة بفعل قيامته: «**وَلَمَّا رَأَوْهُ سَجَدُوا لَهُ، وَلَكِنَّ بَعْضَهُمْ شَكُّوا**» (متى ٢٨: ١٧). ربما يتعامل يسوع مع الشكوك قبل أن يتابع كلامه للحديث عن إرساليتهم؟ كلا، بل يذكرهم يسوع ببساطة بكفايته ومجده وسلطانه.

إنه يلفت انتباههم إلى وصايته على الخليقة قبل تكليفهم بأخذ الإنجيل إلى كل الأمم:

> **فَتَقَدَّمَ يَسُوعُ وَكَلَّمَهُمْ قَائِلًا: دُفِعَ إِلَيَّ كُلُّ سُلْطَانٍ فِي ٱلسَّمَاءِ وَعَلَى ٱلْأَرْضِ، فَٱذْهَبُوا وَتَلْمِذُوا جَمِيعَ ٱلْأُمَمِ وَعَمِّدُوهُمْ بِٱسْمِ ٱلْآبِ وَٱلِٱبْنِ وَٱلرُّوحِ ٱلْقُدُسِ. وَعَلِّمُوهُمْ أَنْ يَحْفَظُوا جَمِيعَ مَا أَوْصَيْتُكُمْ بِهِ. وَهَا أَنَا مَعَكُمْ كُلَّ ٱلْأَيَّامِ إِلَى ٱنْقِضَاءِ ٱلدَّهْرِ.** (متى ٢٨: ١٨-٢٠)

غالبًا ما تسمى هذه الفقرة «التكليف العظيم.» وصايا يسوع واضحة. إنه يوصي تلاميذه بما ينبغي أن يفعلونه، وأين يفعلونه، وكيف يفعلونه..

ماذا يفعلون. ينبغي أن يذهب التلاميذ، ويتلمذوا ويمدوا ويعلموا. من ناحية القواعد النحوية، «تلمذوا» (آية ١٩) هي الفعل الرئيسي. أما الأفعال الأخرى – اذهبوا، معمدين،

ومعلمين – تصف كيف ينبغي أن ينجز التلاميذ هذه المهمة الأساسية المتمثلة في تلمذة التلاميذ. حيث ينبغي أن يذهبوا ليشاركوا بالخبر السار عن السلام مع الله المتاح بالإيمان بالمسيح. وإذ يتوب الناس عن خطاياهم ويصدقوا هذا الخبر السار، ينبغي أن يعمد التلاميذ المؤمنين الجدد لدى اعترافهم بالإيمان. بعد هذا يحتاج التلاميذ أن يعلموا هؤلاء التلاميذ الجدد ما علمه لهم يسوع في البداية.

أين يفعلونه. يوجه يسوع أتباعه بتلمذة «كل الأمم» (الآية ١٩). بعبارة أخرى، يمتد نطاق الإرسالية إلى كل ركن من أركان الأرض. الكلمة المترجمة الأمم باليونانية (اللغة الأصلية للعهد الجديد) هي «.Ethne» وهذه الكلمة لا تشير إلى تقسيم الأمم من الناحية السياسية مثل تركيا، الصين، أو الولايات المتحدة، بل إلى مجموعات أصغر – أو عرقيات العالم. تكشف هذه الكلمة أيضًا عن مقاصد الله في الفداء: إنه يجذب إلى نفسه عابدين من كل مجموعات شعوب الأرض المختلفة. في العهد القديم، وعد الله إبراهيم

بأن كل عائلات الأرض سوف تتبارك في نسله (تكوين ١٢: ١-٣). وقد علّم أمة إسرائيل أن يصلّوا لأجل الأمم (مزمور ٦٧). والآن يطلق يسوع حملة عالمية لإحضار ملكوت الله إلى كل مجموعة من الناس، محققًا الوعد الإبراهيمي. عند نهاية التاريخ، سنشهد مشروع المسيح الانتصاري بينما يجثو كل الرجال والنساء من كل قبيلة وشعب ولسان وأمة أمام المسيا عابدين الإله الواحد الحقيقي (رؤيا ٥: ٩).

كيف يفعلونه. لاحظ أن يسوع يطوق وصيته لتلاميذه بوعود عن سلطانه وحضوره. في الأول، المسيح هو من له كل سلطان في السماء وعلى الأرض (متى ٢٨: ١٨). بصفته ابن الله يملك السلطان ليرسلنا في إرسالية السماء. وله السلطان ليطالب بولاء الشعوب. وفي الآخر، يعد المسيح بأنه لن يتركنا لخططنا الخاصة. فسيكون معنا دائمًا، وإلى نهاية الدهر (الآية ٢٠). ينبغي أن تشكل هذه الوعود فرقًا حاسمًا بالنسبة لأشخاص يصارعون ليكونوا أمناء في تنفيذ تكليفه العظيم مثلك ومثلي. رغم أننا قد نشعر

بالارتباك - إذ تنقصنا الحكمة وتعوزنا القوة - إلا أننا نحتاج فقط إلى أن نستند على يسوع الحاضر معنا الآن ودائمًا.

لقد أُعطي لهؤلاء التلاميذ مهمة تشمل العالم كله. ولكن ما هي مضامينها؟ هل ينبغي على كل مسيحي أن يصبح مرسلًا متفرغًا طول الوقت؟ وإن لم يكن كذلك، فما هو الدور الذي يلعبه غير المرسلين في التكليف العظيم؟

حسنًا، حتى هؤلاء التلاميذ الأوائل يعلموننا أن كل واحد منا له دوره المختلف ليلعبه في تنفيذ تكليف المسيح. بعضهم، مثل يعقوب، مكث بصفة أساسية في أورشليم ليساعد في بناء الكنيسة في هذه المدينة. وآخرون، مثل بطرس وفيلبس، خدما بعيدًا في مدن أخرى. وغيرهم سافروا بعيدًا. مثلًا، يخبرنا مؤرخو الكنيسة أن توما أسس مجتمعات مسيحية على طول الطريق إلى ما نسميه في أيامنا بالهند.

إذن نجد أن البعض يبقى والبعض يذهب، ولكن الإرسالية ملك للجميع وكل شخص يلعب دوره بحسب وضعه المختلف

في الحياة. قد تكون مسئولياتنا مختلفة، ولكن الهدف هو نفسه. يا لها من حقيقة عميقة! أينما وضعك الله، فأنت لست مدعوًا ببساطة لتكون تلميذًا، بل وكذلك أن تتلمذ. الله يدعوك لنشر إنجيله في مجتمعك، وحتى لو لم تغادر مدينتك التي ولدت فيها أبدًا، مازال لديك دور لتلعبه في تقدم الإنجيل في كل أمة.

طبعًا، عند هذه النقطة قد تفكر في نفسك، **حقًا؟ أنا مرشح غير مرجح أن يقوم بأي شيء يتصل بالإرساليات.** ولكن دعنا نأخذ لحظة للتفكير في أنواع الأشخاص الذين يستخدمهم الله لتنفيذ التكليف العظيم.

مشاركون غير مرجحون

عندما كنت في الكلية، كانت لعبتي الإلكترونية المفضلة هي Risk (المخاطرة-أو بنك الحظ). إن لم تكن قد لعبتها، فلعبة المخاطرة هي في الأساس عبارة عن خريطة للعالم مقسمة إلى مناطق جغرافية يحاول اللاعبون أن يغزوها

بواسطة إلقاء حجر النرد للحصول على أرقام أعلى من خصومهم. أحببت اللعبة لأنها كانت تسمح باستراتيجيات لا حصر لها بناء على نقاط القوة التي تلمسها في خصومك ونواياهم. ينبغي فقط أن تقوم بخطوة لتوسع منطقتك إن كانت لديك القوة لتفعل هذا. وإلا، تنهار خططك العالمية من حولك.

بحسب كل المظاهر الخارجية، ربما لم تبد خطة يسوع لتقدم ملكوت عالمي استراتيجية في أعين أتباعه الأوائل. حتى مع وجود الوعود بسلطانه وحضوره، ربما نظر تلاميذه على بعضهم البعض وفكروا، «أهذا هو كل شيء؟ ألا ينبغي أن يكون هناك من هم أكثر قدرة، أكثر تكريسًا، أو أقل ميلًا للفشل؟» عندما نبدأ في التفكير في قصد الله في أن يستخدمنا في إرساليته، نفهم كلمات الرسول بولس، «**وَمَنْ هُوَ كُفْوءٌ لِهَذِهِ ٱلْأُمُورِ؟**» (٢ كورنثوس ٢: ١٦).

يسجل سفر أعمال الرسل بالطبع تحول هؤلاء الرجال الضعفاء والشكاكون بقوة الروح القدس إلى قادة ووعاظ ومرسلين مدهشين. ربما لا تزال تعترض، «ولكنني لست بطرس أو برنابا أو بولس! هل يمكن أن يستخدم الله حقًا شخصًا مثلي؟ وماذا لدي لأقدمه على أي حال؟»

ومع هذا، بينما نقرأ عن نمو الكنيسة في سفر الأعمال، نجد أن الله لم يستخدم فقط قادة مثل بطرس وبرنابا وبولس، لكنه استخدم أيضًا أناس عاديين – مهتدين مسيحيين من كل مناحي الحياة كان كل طموحهم أن يتبعوا يسوع. مقابل كل «مرسل متفرغ» نقرأ عنه، يبدو أنه كان يوجد الكثير من المسيحيين «العاديين» المشتركين في مهمة نشر الخبر السار. راجع هذه الأمثلة:

- أدت شركة كل كنيسة أورشليم إلى أن يضيف الله «**كُلَّ يَوْمٍ ... إِلَى ٱلْكَنِيسَةِ ٱلَّذِينَ يَخْلُصُونَ.**» (أعمال ٢: ٤٧).

- يوصف المسيحيون المشتتون (وأُجبروا على تغيير موقعهم) بفعل الاضطهاد في أورشليم بأنهم جميعًا «**جَالُوا مُبَشِّرِينَ بِٱلْكَلِمَةِ**» (أعمال ٨: ٤).
- وجه الله حنانيا، الموصوف ببساطة كتلميذ، ليذهب ويشارك بالخبر السار مع من سيكون في المستقبل الرسول بولس (أعمال ٩: ١٠-١٢).
- يستخدم الله «رجال من قبرص والقيروان» والذين تشتتوا بسبب الاضطهاد في زرع كنيسة في مدينة انطاكية والتي تتكلم باليونانية (أعمال ١١: ١٩-٢١).
- ترسل كنيسة أنطاكية بولس وتدعمه ماليًا في رحلته التبشيرية الأولى، وتعيده ليقدم لهم تقريرًا عن إرساليته فيما بعد (أعمال ١٣: ١-٣؛ ١٤: ٢٦-٢٨).
- تبدأ كنيسة في فيلبي بواسطة سيدة أعمال قبلت الإيمان اسمها ليدية (أعمال ١٦: ١٤-١٥).

- رجل أعمال وامرأة اسمهما أكيلا وبريسكلا يساعدان بولس في العمل، ويصبحان رفيقا بولس ويساعدانه في زرع الكنائس في كورنثوس وأفسس (أعمال ١٨: ٢-٣، ١٨، ٢٦).
- وفر بعض الناس مثل مناسون سكنًا للمرسلين الرحالة أو وفروا مكانًا للكنائس للاجتماع (أعمال ٢١: ١٦).

بإمكاننا أن نضيف إلى هذه القائمة أسماء كثيرين من المذكورين في العهد الجديد ممن يبدوا أنهم كانوا جزءًا من جهود تبشيرية مختلفة لوقت معين – أحيانًا يسافرون مع مرسلين وفي أوقات أخرى يمكثون للمساعدة في تأسيس إحدى الكنائس. لعب كل هؤلاء الناس دورًا في نشر الكنيسة المبكرة. في نهاية الرسالة إلى أهل رومية، مثلًا، يذكر بولس أسماء خمسة وثلاثين شخصًا كانوا معروفين للكنيسة هناك وكانوا جزءًا من جهوده التبشيرية (رومية ١٦).

كثير من هؤلاء الناس كانوا سيُفاجئون لو قيل لهم أن أسماءهم ستظهر في الكتاب المُقدّس كجزء من سجل التوسع التبشيري. كان كل واحد منهم ببساطة مستقبلًا لنعمة الله وكان يرغب في توصيلها للآخرين فحسب. لقد كانوا مجرد أعضاء عاديين في الكنيسة، يخدمون بأمانة في بيئتهم المحلية. كان بإمكانهم أن يقولوا مثل بولس، «**وَلَكِنْ بِنِعْمَةِ ٱللهِ أَنَا مَا أَنَا، وَنِعْمَتُهُ ٱلْمُعْطَاةُ لِي لَمْ تَكُنْ بَاطِلَةً**» (١كورنثوس ١٥ : ١٠). وهو نفس الشيء الذي يمكن أن يقوله أي واحد منا إن كان قد آمن بإنجيل يسوع وتم تبنيه في عائلته. بقدر ما كان فداؤنا غير مرجحًا، بل ومن غير المرجح أكثر أن يرى الله أنه من المناسب أن يستخدمنا في خطته للفداء – إلا أن هذا صحيح برغم كل هذا.

فبينما نحن لا نستحق أن نُستخدم في إرسالية الله، إلا أن هذا امتياز عظيم. لقد اختار الإله الذي لا يصنع أية أخطاء أن يستخدمنا!

ولكن كيف؟ ما الذي يمكنك عمله لدعم الإرساليات الدولية حيث أنت موجود الآن؟ دعني أقترح عليك تسعة طرق لتكون جزءًا من إرسالية الله العالمية.

تسعة طرق للاشتراك في إرسالية اللّه العالمية

١– اعرف الإنجيل

فَإِنَّنِي سَلَّمْتُ إِلَيْكُمْ فِي ٱلْأَوَّلِ مَا قَبِلْتُهُ أَنَا أَيْضًا: أَنَّ ٱلْمَسِيحَ مَاتَ مِنْ أَجْلِ خَطَايَانَا حَسَبَ ٱلْكُتُبِ. (١ كورنثوس ١٥: ٣)

في عالم الأعمال التجارية، يتكلم القادة عن فكرة «الانحراف عن المهمة (الإرسالية)» – عندما تفقد الشركة إدراكها الواضح بالشيء الرئيسي الذي يحاولون فعله. كمؤمنين، إذا لم تكن إرساليتنا واضحة بالنسبة لنا، فسنتوه عنها على الأرجح. تتعلق الإرساليات بالمشاركة بالإنجيل، والإنجيل هو الخبر السار الذي نقول إنه يوجد طريق

للضالين والملعونين ليجدوا العفو والغفران في يسوع المسيح.

عن هذه النقطة، يسأل كثيرون: «ألا تتعلق الإرساليات بما يتخطى هذا؟ ماذا عن تشكيل الحياة، مصالحة العائلات، وتغيير الثقافات؟ ماذا عن التشكيل الاجتماعي؟» لا شك أن التلمذة تتضمن تعليم كل ما أوصى به يسوع، وهو ما يعني تشكيل وتغيير الأفراد وحتى المجتمعات. فمن يجدون الغفران في المسيح يتغيرون ويمكنهم القول بأن «**نِعْمَتُهُ ٱلْمُعْطَاةُ لِي لَمْ تَكُنْ بَاطِلَةً**» مع الرسول بولس (١ كورنثوس ١٥: ١٠). علاوة على هذا، لا شك أننا نرجو أن تلي هذا حدوث تغيرات أكبر. كثيرًا ما يصنع الله تغييرات كبيرة في العائلات والثقافات من خلال عمل الإرساليات. طول التاريخ، بنى المسيحيون مدارس وأسسوا مستشفيات وأطعموا الفقراء وزرعوا بنية مجتمعية تساعد الناس على الازدهار. ولكن هذه الخيرات الاجتماعية الكبيرة ليست هي الهدف من وراء الإرساليات المسيحية،

كما لو أن معرفة يسوع هي مجرد وسيلة لتحقيق منافع اجتماعية أهم. لقد كلفنا المسيح بالوعظ بالإنجيل، ودعوة الخطاة إلى التوبة. ينبغي أن «نتلمذ.» في الواقع، أحيانًا قد يعني الوعظ الأمين توصيل الإنجيل دون وجود أي أثر مباشر يمكن تمييزه على الإطلاق.

في قلب تكليفنا بتلمذة كل الأمم هناك دعوة للمشاركة بالخبر السار عن يسوع المسيح. وبسبب هذا، من الجوهري أن نعلم ونصيغ هذه الرسالة بوضوح.

كراع، كثيرًا ما أتحاور مع أشخاص جدد يسيرون في عملية الانضمام إلى كنيستنا. أحد الأمور التي أطلبها منهم عندما تواتينا الفرصة للجلوس والحديث هي أن يشرحوا فهمهم لرسالة الإنجيل. فأسأل ببساطة، «ما هو الخبر السار المختصة بيسوع المسيح؟» يشعر الكثيرون بعصبية بسيطة عندما يسألهم الراعي هذا السؤال، لذا أتعامل معهم بنعمة كبيرة بينما يصيغون إجابتهم في صورة كلمات.

ولكن في النهاية، أرجو أن يتمكنوا من سرد النقاط الأساسية في قصة الإنجيل: الله، الإنسان، المسيح، التجاوب.

الله: خلق الله العالم؛ هو ملك الخليقة. وبصفته خالقنا، فهو قدوس وعادل ومحب وصالح.

الإنسان: خُلقت البشرية على صورة الله. ولكن للأسف، اختار أبوانا الأولان آدم وحواء، أن يخطئا في حق الله بعصيانه. وبالمثل كلنا خطاة في تصرفاتنا وتوجهاتنا. تتركنا حالة خطيتنا تحت دينونة عادلة من الله القدوس. فغذا تُركنا في هذه الحالة، سنذوق الدينونة الأبدية من الله في الجحيم.

المسيح: ولكن الله، بسبب محبته العظيمة، صنع طريقًا للخلاص للبشرية الخاطئة. فقد أرسل يسوع المسيح، ابنه الواحد والوحيد، ليصبح إنسانًا وينقذنا من غضبه. عاش يسوع حياة بارة وكاملة، متممًا وصايا الله. لم يخطئ البتة. ومات على صليب روماني دافعًا ثمن خطايا شعبه.

على الصليب، أخذ يسوع دينونة الله التي نستحقها أنا وأنت. ولكن في اليوم الثالث، قام من الأموات. وقيامته هي البرهان على أن الإنجيل حقيقي، ورجاؤنا الوحيد في الحياة الأبدية موجود فيه.

التجاوب: تترك هذه الأخبار الرائعة عن يسوع كل إنسان أمام اختيار من اثنين. إما أن نستمر في خطيتنا منتظرين دينونة الله، أو بإمكاننا أن نتحول عن خطيتنا ونؤمن بمن هو يسوع وبما فعله على الصليب. إن التفتنا إلى المسيح، لدينا وعده بأن ننال العفو ويُغفر لنا ويتبنانا الله في عائلته الأبدية.

لقد سردت هذا المخطط العالم لرسالة الإنجيل ليس فقط لأعطيك شيئًا تحفظه – رغم أنها لن تكون فكرة سيئة – بل لكي أشجعك على النمو في فهمك للأخبار السار بحيث يمكنك أن تكون خادمًا فعالًا في حياة الآخرين. عندما نذكر

أنفسنا بمركزية رسالة الإنجيل فهذا يحفظنا من الانحراف بفعل قضايا أقل أهمية. علاوة على هذا، كلما عرفنا رسالة الإنجيل بشكل أفضل كلما وجدنا أنفسنا نقولها بسهولة أكبر.[٣]

٢- ادرس الإرساليات

ٱجْتَهِدْ [ادرس] أَنْ تُقِيمَ نَفْسَكَ لِلهِ مُزَكًّى، عَامِلًا لَا يُخْزَى، مُفَصِّلًا كَلِمَةَ ٱلْحَقِّ بِٱلِٱسْتِقَامَةِ.
(٢ تيموثاوس ٢: ١٥)

تنطبق وصية بولس في ٢ تيموثاوس ٢ بالذات على الرعاة. ولكن يبقى المبدأ ساريًا على كل جوانب الخدمة. إن كنا نريد أن نكون فعالين في دعم عمل الإرساليات، إذن ينبغي أن ندرس عمل الإرساليات.

ادرس الإرساليات وتمعن كيف نفذ الله قصد الفداء على مستوى العالم. ربما تكون أفضل طريقة للقيام بهذا

---

[٣] يوجد كتاب ممتاز لتعميق فهمك للخبر السار وهو:
Greg Gilbert, *What Is the Gospel?* (Wheaton, IL: Crossway, 2010).

هي التأمل في القصة الكتابية وهي تنتقل بنا من الخلق إلى الخليقة الجديدة، كاشفة لنا تقدم نعمة الله الخلاصية لكل أمة على الأرض.

ادرس وعود الله لإبراهيم في تكوين ١٢ حيث يلتزم الله ببركة كل أمم الأرض. عود نفسك على أمثلة العهد القديم حيث استخدم الله إسرائيل ليأتي بالخلاص إلى الأمم – قصص أشخاص مثل راحاب، وملكة سبأ، وشعب نينوى. اقرأ إنجيل متى ولاحظ كيف يضم يسوع الأمم كجزء من ملكوته – نقطة تبلغ ذروتها في النهاية في التكليف العظيم (متى ٢٨: ١٨-٢٠). ادرس نمو الكنيسة المبكرة في سفر الأعمال، ولاحظ كيف يحقق الله أعمال ١: ٨ بينما يُعرف الإنجيل «**فِي أُورُشَلِيمَ وَفِي كُلِّ ٱلْيَهُودِيَّةِ وَٱلسَّامِرَةِ وَإِلَى أَقْصَى ٱلْأَرْضِ**» (أعمال ١: ٨). تأمل في الرؤى السماوية في رؤيا ٥: ٩ و٧: ٩، حيث يوجد جمع غفير من كل قبيلة وشعب ولغة وأمة يقفون أمام عرش الله يعبدون الحمل.

علاوة على هذا، اقرأ عن تاريخ الإرساليات. تعتبر سيرة حياة المرسلين طريقة رائعة لإشعال حبك للإرساليات. وأود أن أخبرك بقائمتي الشخصية المفضلة الخاصة «بأعلى عشرة» سير حياة مرسلين:

- *To the Golden Shore: The Life of Adoniram Judson* by Courtney Anderson (1956). كان جدسون هو أول مرسل أمريكي أجنبي، وقد خدم لأكثر من أربعين سنة في بورما.
- *Faithful Witness: The Life and Mission of William Carey* by Timothy George (1991). أشعل كاري، «أبو الإرساليات الحديثة،» شرارة حركة الإرساليات بقناعته بأنه علينا أن نستخدم «وسائل» لطلب لهداية الضالين.
- *The Life and Diary of David Brainerd* edited by Jonathan Edwards (1749): هذا الكتاب هو عبارة

عن تصوير أمين لمحن حياة المرسل. ربما يكون أكثر سير المرسلين تأثيرًا طول الزمان.

- *Shadow of the Almighty: The Life and Testament of Jim Elliot*، بقلم زوجته، إليزابيث إليوت (١٩٥٨): قال جيم إليوت، «خذ هذه العصي التي لا لزوم لها من حياتي، ودعها تشتغل لمجدك.» وقد عاش ومات في ظل هذه الصلاة وسط قبائل الإكوادور.
- *A Chance to Die: The Life and Legacy of Amy Carmichael* by Elisabeth Elliot (1987): كانت أمي كارمايكل نموذجًا في الالتزام الذي لا يُنسى بخدمة الفقراء في دونافور، الهند.
- *John G. Paton: Missionary to the New Heb- rides,* an autobiography (1889): لم يردع صائدو الرؤوس من آكلي لحوم البشر بطل الإيمان هذا.

- *J. Hudson Taylor: A Man in Christ* by Roger Steer (1990): أسس تايلور إرسالية الصين الداخلية، وثابر في مشاركة الإنجيل في الصين فيوجه عوائق لا تُصدق.
- *The Triumph of John and Betty Stam* by Geraldine Taylor (1935). هذه إشادة مؤثرة بشخصين مسيحيين (عمرهما سبع وعشرين سنة وثمانية وعشرون سنة) فقدا حياتيهما في خضم اضطرابات الصين في ثلاثينيات القرن العشرين.
- *For the Glory: The Untold and Inspiring Story of Eric Liddell, Hero of Chariots of Fire* by Duncan Hamilton (2017): هذه قصة حياة رائعة لبطل أوليمبي كان أعظم طموحاته أن يبشر بالإنجيل.
- *Mountain Rain: A Biography of James O. Fraser* by Eileen Crossman (1982): قال فريزر ذات مرة،

«لقد كان حلمي دائمًا أن اركب على حمار، وزوجتي على حمار آخر، وكل متاعنا الدنيوي على حمار ثالث.» وقد عاش بهذه الطريقة ليصل إلى شعب الليزو في جنوب غرب الصين.

٣- شارك بالإنجيل مع عائلتك وأصدقاءك وجيرانك

إِذًا نَسْعَى كَسُفَرَاءَ عَنِ ٱلْمَسِيحِ، كَأَنَّ ٱللهَ يَعِظُ بِنَا. نَطْلُبُ عَنِ ٱلْمَسِيحِ: تَصَالَحُوا مَعَ ٱللهِ.
(٢ كورنثوس ٥: ٢٠)

طريقة أخرى لدعم الإرساليات هي تبشير الضالين الموجودين من حولك. من ناحية، ينبغي أن يأتي الحديث عن يسوع بشكل طبيعي بالنسبة لكل مسيحي. يا لها من فرحة أن نشارك مع الآخرين الخبر السار عن كيف غير حياتنا! ومن ناحية أخرى، نصارع كلنا مع الخوف من الإنسان. ولا واحد منا أمين كما يينبغي في المجازفة بالحديث عن الإنجيل مع الضالين.

يصف بولس غير المؤمنين بأن إبليس قد أعماهم (٢ كورنثوس ٤:٤). غالبًا لن يفهم غير المؤمنين الإنجيل، بل وأحيانًا قد يكونوا عدوانيين من جهته. ولكن رجاؤنا العظيم هو أن يشرق الله الذي قال «**أَنْ يُشْرِقَ نُورٌ مِنْ ظُلْمَةٍ**» (٢ كورنثوس ٤: ٦) في قلوبهم ليخلق فيهم حياة روحية وإيمان. دعونا نصلِّي أن يستخدمنا الله كأدوات له لمساعدة المحيطين بنا على التوصل إلى معرفته!

إن كنت تقرأ هذا الكتيّب، إذن أفترض أنك تريد أن تدعم الإرساليات الدولية. ولكن لا يمكنك أن تكون أمينًا في الأشياء الكبيرة حتى تكون أمينًا في الأشياء الصغيرة. وإذ تسعى إلى العثور على أساليب تشترك بها في دعم تقدم الإنجيل فيما وراء البحار بصورة أكبر، اسأل نفسك: «إلى أي مدى أنا مشترك في التبشير حيث أنا موجود؟» كلما كنت مهتمًا برؤية الإنجيل يتقدم في مجتمعك، كلما زادت قدرتك على دعم نفس هذا العمل في مكان آخر في العالم. كما قال يسوع، «**اَلْأَمِينُ فِي ٱلْقَلِيلِ أَمِينٌ**

أَيْضًا فِي ٱلْكَثِيرِ» (لوقا ١٦: ١٠). صلِّ وأطلب من الله أن يجعلك أجرأ في محاورات الإنجيل مع المحيطين بك. صلِّ بالذات من أجل غير المسيحيين الذين تعرفهم. غالبًا ما تؤدي صلواتنا إلى حوارات، وتؤدي الحوارات إلى إثمار في الخدمة.

٤ – استثمر في خدمة كنيستك المحلية

وَكَانُوا يُوَاظِبُونَ عَلَى تَعْلِيمِ ٱلرُّسُلِ، وَٱلشَّرِكَةِ، وَكَسْرِ ٱلْخُبْزِ، وَٱلصَّلَوَاتِ. (أعمال ٢: ٤٢)

بحسب العهد الجديد، ينبغي أن تتركز الحياة المسيحية حول الكنيسة المحلية. لا يتصور العهد الجديد أبدًا فكرة أن يعيش الشخص المسيحي منعزلًا دون قيود، ودون أن ينحاز لأية علاقة جادة مع شعب الله. بل، تشدد تعاليم يسوع والرسل بصورة ثابتة على أن الحياة المسيحية ينبغي أن تتسم بالالتزام بوصايا «بعضكم بعضًا» – وصايا لا يمكننا أن نتممها إلا في مجتمع المؤمنين المحلي.

ينبغي أن نحب بعضنا بعضًا (رومية ١٢: ١٠)، ونخدم بعضنا بعضًا (غلاطية ٥: ١٣)، وأن نكون لطفاء بعضنا مع بعض (أفسس ٤: ٣٢)، ونشجع بعضنا بعضًا (١ تسالونيكي ٥: ١١)، وأن نحرض بعضنا بعضًا على المحبة والأعمال الصالحة (عبرانيين ١٠: ٢٤). علاوة على هذا، يربط يسوع الإثمار في الخدمة بجودة مجتمعنا: «**بِهَذَا يَعْرِفُ ٱلْجَمِيعُ أَنَّكُمْ تَلَامِيذِي: إِنْ كَانَ لَكُمْ حُبٌّ بَعْضًا لِبَعْضٍ**» (يوحنا ١٣: ٣٥). في النهاية، المؤسسة الوحيدة التي يعد يسوع ببنائها هي الكنيسة (متى ١٦: ١٨).

طبعًا أنا لا أقصد عدم وجود خدمات رائعة موازية للكنائس لنشترك فيها أو أنه لا يمكن أن يكون لدينا مساهمة جادة في الملكوت كأفراد. ولكنني أقصد أن الكتاب المُقدّس يُعلّم بأن الطريقة الرئيسية التي ينبغي أن نفكر فيها بشأن الاشتراك في الخدمة هي في ومن خلال الكنيسة المحلية.

هناك الكثير من الطرق العلمية للخدمة في كنيستك:

- بينما تشارك برسالة الإنجيل مع الأصدقاء الجيران، أدعهم إلى كنيستك. قدمهم إلى إخوتك وأخواتك الآخرين في المسيح ممن لديهم القدرة على تكميل خدمتك لهم والزيادة عليها.
- أجعل من حضور اجتماعات الصلاة في كنيستك المحلية أولوية لديك. تضاعف الصلاة مع الآخرين بشأن الكرازة بالإنجيل من جهودك.
- اعرف الخدام والمرسلين الذين تدعمهم كنيستك. قد يكون هناك دور فريد لتقوم به في تشجيع عامل ينال الدعم في مكان ما في العالم بالتواصل معه بينما هو في حقل الإرسالية أو تباركه بصداقتك عندما يأخذ إجازة.
- تذكر أنه بالاستثمار في كنيستك المحلية، أنت تستثمر في عروس المسيح. قد تعيش في مكان ما لسنوات

قليلة، ولكن بتوجيه جهودك إلى كنيستك المحلية فسيستمر تأثيرك إلى ما بعد هذا بكثير.

٥- صلِّ

وَأَنْتُمْ أَيْضًا مُسَاعِدُونَ بِٱلصَّلَاةِ لِأَجْلِنَا.
(٢ كورنثوس ١: ١١)

كان بولس مقتنعًا بأن الصلاة تمد عمل الإرساليات بالطاقة اللازمة وتسانده وتجعله يزدهر. تعتبر رسائل طلبات الصلاة المرسلية منجم ذهب للفرص الروحية. صلِّ من أجل الطلبات التي يذكرونها - الأحداث الآتية، والاحتياجات الحالية، والصراعات الضاغطة. علاوة على هذا، صلِّ من أجل أن يكون المرسلون أمناء للرب في قداستهم الشخصية، وكرازتهم بالإنجيل، وفي تعبهم ومثابرتهم. تعمل الصلاة من أجل المرسلين على جعل فرص العبادة العائلية مفعمة بالحيوية. كما تدب في اجتماعات الصلاة الكنسية حياة جديدة عندما تقف في الصفوف الأمامية

في معركة العمل المرسلي. يشير البدء بالصلاة إلى أننا نؤمن بأن هذا هو عمل الله وليس عملنا نحن.

٦- أعطِ

قَدِ ٱمْتَلَأْتُ إِذْ قَبِلْتُ مِنْ أَبَفْرُودِتُسَ ٱلْأَشْيَاءَ ٱلَّتِي مِنْ عِنْدِكُمْ. (فيلبي ٤: ١٨)

دائمًا ما نالت الإرساليات المسيحية الدعم عن طريق العطاء المسيحي. فقد تلقى يسوع والتلاميذ الدعم من النساء اللواتي «**كُنَّ يَخْدِمْنَهُ مِنْ أَمْوَالِهِنَّ**» (لوقا ٨: ٣). كما دعمت الكنائس والأفراد بولس وفرق المرسلين التي كونها. العطاء للإرساليات هو أمر قوي ورائع ينبغي على المسيحيين القيام به. حيث يسمح لنا بأن نعلن استقلالنا عن محبة المال، وأن نعلن إيماننا بالأشياء ذات القيمة الأبدية. بالإضافة إلى أن الله يفرح عندما نعطي بالطريقة السليمة: لأنه يحب «**ٱلْمُعْطِيَ ٱلْمَسْرُورَ**» (٢ كورنثوس ٩: ٧).

من الناحية العملية، كيف ينبغي أن يكون هذا؟ أولًا، ينبغي أن يذهب نصيب الأسد من عطاءك إلى كنيستك.[٤] إحدى الفوائد العملية من عطاءك لكنيستك المحلية هي أن الأرجح أن يكون لدى الكنيسة ذات الشيوخ الأتقياء استراتيجية إرساليات حكيمة وكتابية وفعالة. ينبغي أن يعكس عطاؤنا للكنيسة ثقتنا في أن الله يعمل من خلال هؤلاء الرجال المفروزين لهذه المهمة.

بعد أن نعطي للكنيسة، ينبغي أن نبحث عن طرق أخرى بحيث يمكننا تقديم العطاء للمساعي المرسلية الأمينة والاستراتيجية. كل مواردنا هي موارد الرب، لذا عندما نجد لدينا فائضًا، ينبغي أن نسأله ماذا يريدنا أن نفعل به. إن وجهنا إلى عمل إرساليات نثق به، ينبغي أن نسعى إلى توجيه مواردنا في هذا الاتجاه.

---

[٤] للاطلاع على المزيد حول هذه النقطة أنظر
Jamie Dunlop, *Why Should I Give to My Church?* (Wheaton, IL: Crossway, 2021).

دعوني أختم هذه النقطة بنصيحة هامة: بدلًا من نثر مبالغ قليلة من المال على الكثير من جهود الإرساليات، ربما يكون من الأحكم أن تستثمر عطاءك في إرسالية واحدة فقط أو في عدد قليل منها. بالتركيز على القليل من المرسلين المحددين فحسب، ستكون قادرًا على بناء المزيد من العلاقات الهادفة والجادة مع هؤلاء العاملين والخدام، وستكون قادرًا على أن تركز صلواتك عليهم كذلك. وغذ تفعل، ذكر نفسك بأن أفضل الاستثمارات هي في الأشياء ذات القيمة الأبدية.

٧ - أذهب

ٱعْبُرْ إِلَى مَكِدُونِيَّةَ وَأَعِنَّا! (أعمال ١٦: ٩)

كما قلت، ليس الجميع مدعوين لترك وطنهم وحمل الإنجيل إلى مكان أجنبي. لقد وقعت كل خدمة يسوع ضمن إطار مائة ميل من المكان الذي ولد فيه. كما ظل يعقوب،

واحد من الاثني عشر رسولًا، راعيًا في كنيسة أورشليم حتى موته على ما يبدو (أعمال ١٢: ٢).

ولكن في نفس الوقت، غالبًا ما يدعو الله الناس للتحرك إلى مكان آخر لأجل خاطر الإنجيل. ينبغي ألا نخشى أن نسأل الرب، «أين تريدني أن أخدمك؟» قد يشعر بعض ممن يقرؤون هذا الكتيّب بأن الرب يقودهم إلى التفكير في التحرك إلى مكان يحتاج عمل الإنجيل بصورة أكبر.

إن كنت تشعر بالرغبة في التحرك إلى مكان يوجد فيه احتياج لخدمة الإنجيل، فمن اللازم أن تتذكر أهمية كنيستك المحلية بينما تأخذ هذا القرار. يلعب أصدقاؤك وقادة كنيستك دورًا هامًا في الصلاة من أجلك، ونصحك، وتجهيزك من أجل الخدمة التي بانتظارك. هكذا يمكنك أن تربط «الشعور الداخلي بالدعوة بـ «التأييد الخارجي لها.»

بالنسبة لآخرين منا، ربما يدعونا الرب إلى الاشتراك في إرساليات ذات مدى قصير. قد تكون هناك رحلات

إرسالية تنظمها كنيستك المحلية لدعم عمل المرسلين في حقلهم. ينبغي أن نكون حريصين بينما نقيم هذه الفرص. «فالسياحة المرسلية» ليست نافعة للجميع، والهدف ليس أن نجد رحلة ذاهبة إلى مكان أردت أن تذهب إليه كثيرًا. فالهدف من الرحلات المرسلية قصيرة المدى هو دعم عمل المرسلين المستقرين هناك لفترة طويلة. فكر كيف يمكن أن يشترك فريقك قصير الأمد في دعم المرسلين – ربما بالاشتراك في التبشير في المجتمعات المحيطة بكنيستهم، ربما بتوفير رعاية الأطفال لمؤتمر يجهز وينعش المرسلين، ربما بتوفير الخبرة الطبية أو الهندسية إلى عمل يحتاج إليهما. وهذه مجرد طرق عملية قليلة يمكن أن يشجع بها المرسلون قصيري الأمد المرسلين طويلي الأمد؛ وهناك الكثير غيرها.

هناك فئة واحدة أخيرة تحت بند «اذهب» والتي ينبغي أن نفكر فيها وهي تلك التي ترتبط بمهنتك الحالية. في ظل اقتصاد عالمي بشكل متزايد، قد تكون هناك فرص تتيح

لك البقاء في نفس العمل أو عمل مشابه ومع هذا تقوم به بطريقة استراتيجية بالنسبة للإنجيل. مثلًا، إن كنت مهندسًا في نبراسكا، لم لا تفكر في البحث عن وظائف تحتاج إلى مهندسين في بيئة عالمية بالقرب من مرسلين تعرفهم وتثق بهم؟ بالانتقال إلى هناك والاتصال بكنيسة محلية، قد يكون بإمكانك أن تؤثر تأثيرًا كبيرًا على عمل الإنجيل في هذه المنطقة.

٨ – الإعلام

ثُمَّ نُعَرِّفُكُمْ أَيُّهَا ٱلْإِخْوَةُ نِعْمَةَ ٱللهِ ٱلْمُعْطَاةَ فِي كَنَائِسِ مَكِدُونِيَّةَ. (٢ كورنثوس ٨: ١)

عندما تصلك معلومات عن عمل الإرساليات، خذ وقتًا لتخبر آخرين! لا شك أن الرعاة ينبغي أن تصلهم معلومات عن عمل وحياة المرسلين الذين تدعمهم الكنيسة، ولكن غالبًا ما يكون العلمانيون أكثر فعالية في نشر المعلومات الجيدة من عضو إلى آخر. لقد كنت صديقًا لسنوات لأعضاء

كنيستي الأم والذين كانوا نموذجًا يحتذى في القيام بهذا جيدًا. حيث يتصلون بنا باستمرار عندما نكون في الحقل، ويكتبون لنا الرسائل الإلكترونية ويتصلون بنا ليعرفوا احتياجاتنا. كما ذهبوا في العديد من الرحلات القصيرة لدعم عملنا. عندما نكون في إجازة، يكونون أول من يتصل بنا ويريدون استضافتنا في بيوتهم.

لذلك ليس من المدهش أن يكونوا كذلك بعض من أفضل «ناشري» معلومات الإرساليات بين الجماعة. في السنوات الأخيرة، استضافوا «ليالي الإرساليات» في بيوتهم للصلاة من أجل المرسلين وليعرفوا المزيد عما يفعله الله حول العالم. وإذ يزداد اهتمامك وشعورك بالإثارة بشأن الإرساليات العالمية، خذ فكرة إعلام الآخرين بالمزيد بجدية.

٩ – قم بالحشد

فَنَحْـنُ يَنْبَغِـي لَنَـا أَنْ نَقْبَـلَ أَمْثَـالَ هَـؤُلَاءِ، لِكَيْ نَكُونَ عَامِلِينَ مَعَهُمْ بِٱلْحَقِّ. (٣ يوحنا ٨)

لا يعتبر لقب «العامل معنا» منصبًا في الكنيسة مثل الشيخ أو الشماس، ولكن مع هذا، هذه عبارة ستجدها في كل العهد الجديد. دائمًا يحيي بولس العاملين معه، ويرسل العاملين معه، ويشجع العاملين معه. في ٣ يوحنا ٨، يوصي يوحنا الكنيسة بأنه ينبغي علينا أن ندعم المرسلين بحيث يمكننا أن نكون العاملين معهم من أجل حق الإنجيل. لم تكن خدمة الرسل مجرد خدمة خلق مؤمنين جدد من خلال التبشير بالإنجيل، بل إقامة المزيد من القادة الذين يمكنهم الانضمام إليهم في العمل. كيف يمكنك تحفيز الآخرين على دعم عمل الإرساليات الدولية؟ فكر في أن تحضر أحد الإخوة من أعضاء الكنيسة لتناول وجبة معك حيث تستضيف طلبة من دول أخرى. ادعِ شخصًا لينضم إليك في رحلة إرسالية

قصيرة. ساعد قائدًا من كنيسة أخرى حتى يعرف كيف يمكنهم أن ينضموا إلى جهود كنيستك لدعم الإرساليات في جزء آخر من العالم.

ربما يمكنك أن تبدأ بالصلاة الآن لكي يستخدمك الله لتحشد المزيد من العاملين معك من أجل مهمة الإرساليات!

مجد المستحيل

أمضى صموئيل زويمر ثمانية وثلاثين عامًا يخدم في العربية وفي مصر. وكتب بشكل مؤثر عن عمل الخدمة فيما أسماه «إرساليات رائدة»:

> تنتظر حقول العالم التي لم يسد فراغها أحد المستعدين للشعور بالوحدة من أجل خاطر المسيح. بالنسبة للمرسل الرائد، تأتي كلمات ربنا يسوع المسيح للرسل عندما أراهم يديه وقدميه، برنة إلزامية خاصة: «**كَمَا أَرْسَلَنِي**

ٱلْآبُ أُرْسِلُكُمْ أَنَا» (يوحنا ٢٠: ٢١). لقد جاء إلى العالم، وقد كان حقلًا إرساليًا لم يشغله أحد. «**إِلَى خَاصَّتِهِ جَاءَ، وَخَاصَّتُهُ لَمْ تَقْبَلْهُ**» (يوحنا ١: ١١). جاء وكان الترحيب به عبارة عن سخرية، كانت حياته عبارة عن معاناة، وكان عرشه الصليب.

وكما جاء، يتوقع منا أن نذهب. ينبغي أن نتبع إثر خطواته. يتمتع المرسل الرائد، في تغلبه على العقبات والمصاعب ... بامتياز ألا يعرف فقط المسيح وقوة قيامته، بل وكذلك أن يعرف شيئًا عن شركة آلامه. بالنسبة لشعب التبت أو الصومال أو مونغوليا أو أفغانستان أو العربية أو نيبال أو السودان أو الحبشة، قد يُدعى إلى أن يقول مع بولس، «**ٱلَّذِي ٱلْآنَ أَفْرَحُ فِي آلامِي لِأَجْلِكُمْ، وَأُكَمِّلُ نَقَائِصَ شَدَائِدِ**

ٱلْمَسِيحِ فِي جِسْمِي لِأَجْلِ جَسَدِهِ، ٱلَّذِي هُوَ ٱلْكَنِيسَةُ» (كولوسي ١: ٢٤).

ما هذا إلا مجد المستحيل! من يفضل بطبيعة الحال أن يترك دفء وتعزية البيت والوطن ومحبة دائرة العائلة ليذهب وراء خروف ضال، نسمع صوته خافتًا وسط هدير العاصفة؟ ولكن هذا هو مجد المهمة التي لا تقدر روابط العائلة ولا احتياجات البيت أن تحجز من التقطوا رؤية وروح الراعي العظيم. ولأن الضالين هم خرافه، وقد جعلنا خرافه وليس أجراه، ينبغي أن نعيدهم.

«رغم أن الطريق قد يكون شاقًا وشاهقًا، إلا إنني أذهب إلى البرية لأعثر على خرافي.»[٥]

---

[5] Samuel Zwemer, *The Unoccupied Mission Fields of Africa and Asia* (Marshall Brothers Ltd., London: 1911), 221–22.

قرأت هذه الكلمات وعمري اثنتين وعشرين سنة، وقد ساعدت في قيادتي إلى حقل الإرسالية حيث خدمت بسعادة لسنوات كثيرة. ولا زال صداها يتردد داخلي، ولكن نفس الحماس لمجد الله وعودة خرافه الضالة شيء يحتاج إلى أن ينتشر بصورة تتعدى فكرة «المرسل الرائد.»

أتعشم أن يكون هذا الكتيّب القصير قد أقنعك بأن «حقول العالم التي لم يشغلها أحد» تدعوك إلى العمل حيثما أنت موجود. لا يبدأ «مجد المستحيل» بالأمور الموجود في كتاب فوكس عن الشهداء، *Foxe's Book of Martyrs*، أو سيرة المرسل المفضلة لديك. إنه يبدأ بالأمانة في الأمور الصغيرة في حياتك – أشياء صغيرة يسر ربنا كثيرًا بأن يستخدمها بطرق كبيرة. وإذ نقبل دعوتنا لنكون تلاميذه ولنشترك في تلمذة الآخرين من كل الأمم، نكتشف فرحة العيش بالطريقة التي عاش بها مُخلّصنا، كخادم صالح وأمين للآخرين. ليت الله يسر بأن يستخدم جهودنا للخير ولمجده في كل الأمم.

العلامات التسع 9Marks IX

بناء كنيسة صحيحة

هل تنتمي لكنيسة صحيحة؟

لهذا الغرض، وُجِدت خدمة العلامات التسع، لتمد قادة الكنيسة برؤية كتابيَّة، وطريقة عملية لإعلان مجد الله من خلال كنيسة صحيحة.

لكي نصِل لهذه الغاية، نسعى لمساعدة الكنائس أن تنمو في هذه العلامات التسع لصحة الكنيسة الروحيَّة:

١- الوعظ التفسيري

٢- العقيدة الكتابيَّة

٣- الفهم الكتابي للإيمان والكرازة

٤- عضوية كنسيَّة كتابيَّة

٥- تأديب كنسي كتابي

٦- اهتمام كتابي بالتلمذة والنمو الروحي

٧- قيادة كنسيَّة كتابيَّة

٨- فهم كتابي لممارسة الصلاة

٩- فهم وممارسة كتابية للخدمة

تجد لدينا في خدمة العلامات التسع مقالات، وكتب، ومراجعات للكتب، وأيضًا جريدة إلكترونية. بالإضافة لأننا نُقيم مؤتمرات، ونقوم بتسجيل أحاديث روحيَّة، وإنتاج بعض الوسائل لتساعد الكنيسة في إعلان مجد الله.

زوروا موقعنا لتصفح المحتوى بأكثر من أربعين لغة، وسجل معنا لتصلك نشرة شهريَّة مجانيَّة

9marks.org/about/international-efforts.

رسالتنا: نحن خدمة تعليمية هدفها تجديد الذهن وتثبيت وتأصيل المؤمنين في كلمة الله المُقدَّسة وتقديم خدمة المشورة الفردية والأسرية بهدف الاسترداد الكتابي لمجد الله والرب يسوع المسيح.

للتواصل معنا

WhatsApp +201211583580 – +201210150752

Social Media: https://www.facebook.com/mashoraketabyya

https://t.me/zehngadiid

https://twitter.com/zehngadid?s=09

Website: www.zehngadid.org

Email: info@zehngadid.org